✝

NÉCROLOGIE

·····

M. L'ABBÉ H. TURPIN

Que la volonté de Dieu soit faite !
Tout cela aura un terme et une
récompense. Je l'attends avec une
grande foi, une grande espérance
aussi.

Paroles du défunt.

NEVERS

THOMAS-FERRANDIER, LIBRAIRE-ÉDITEUR
24, rue du Commerce, 24

—

1888

$$\dagger$$

NÉCROLOGIE

M. L'ABBÉ H. TURPIN

> Que la volonté de Dieu soit faite !
> Tout cela aura un terme et une
> récompense. Je l'attends avec une
> grande foi, une grande espérance
> aussi.
>
> *Paroles du défunt.*

NEVERS

THOMAS-FERRANDIER, LIBRAIRE-ÉDITEUR
24, rue du Commerce, 24

1888

M. L'ABBÉ HENRI TURPIN

Les obsèques de M. l'abbé Henri Turpin, pieusement décédé à Dornes le jour du nouvel an, ont eu lieu le 4 janvier, dans l'église paroissiale, au milieu d'un nombreux concours d'amis.

Les cordons du poêle furent portés par M. le chanoine Crison, directeur de l'externat Saint-Michel de Moulins, et MM. Giraud, Millien, Pacton.

La messe a été chantée par M. le curé de Dornes. L'orgue était tenu par M. l'abbé Chatelain.

Avant l'absoute, M. l'abbé Perdriat, chanoine honoraire, curé de Saint-Étienne de Nevers, précédemment curé de Dornes, prononça l'éloge funèbre du cher défunt. Ce douloureux honneur lui revenait. Nul ne pouvait y apporter plus d'autorité, plus de cœur.

Il retraça à grands traits la vie de celui qu'il appelait son ami, mais qui était resté son enfant. Son émotion, qu'il eut peine à contenir en face de ce cercueil si prématurément ouvert, gagna, à plusieurs reprises, l'auditoire. L'impression fut particulièrement vive lorsqu'il rappela les souvenirs de l'enfance du jeune Turpin, dont les rares qualités, dès cette époque lointaine, apparaissaient déjà en germe, et celui, touchant entre tous, du jour de sa première communion, qui fixa le sens de leur développement.

Le prêtre est comme l'artiste. Ce qui décide la vocation de celui-ci, c'est toujours l'idéal rêvé ou entrevu, ici ou là, sous une forme ou sous une autre, dans une scène grandiose, une note tombée du ciel, une vision, un appel intérieur. Ce qui sollicite le dévouement du prêtre, c'est aussi l'idéal aperçu et souhaité, mais un idéal de vertu, de sacrifice, de lutte et, Dieu aidant, de victoire. A l'un comme à l'autre, une voix se fait entendre. A l'un, elle dit : Tu seras peintre, ou tu seras musicien. A l'autre : Tu seras prêtre. Mais, pour le premier, c'est la voix du talent, du génie, une voix humaine. Pour le second, c'est la voix de la grâce, de l'Esprit qui souffle où Il veut, une voix divine.

Cet appel, combien de prêtres l'ont entendu au jour de leur première communion ! Il en fut ainsi du jeune Turpin. A voir, ce jour-là, son recueillement profond, son air plus grave, M. l'abbé Perdriat n'en douta pas. Une vocation ordinaire ne pouvait convenir à cette nature d'élite. Notre-Seigneur, se donnant à lui pour la première fois, lui montra l'idéal, le but. Il devait être prêtre.

Il le fut ; et, par une de ces attentions délicates que la Providence eut pour lui jusqu'à la fin de sa vie, c'est à Lourdes, dans la basilique de l'Immaculée-Conception, sous le ciel plus chaud du Midi, où il était allé précédemment, mais en vain, chercher la santé, qu'il reçut, au mois de septembre 1874, l'onction sacerdotale des mains de Mgr de Ladoue.

La carrière si courte de M. l'abbé Turpin fut consacrée tout entière au professorat. Pourtant, après avoir enseigné à Pignelin les sciences mathématiques et physiques, il fut nommé, pendant la vacance du siège, curé de Neuville-les-Decize, puis, quelque temps après, curé de Crèves. Mais il ne fit que passer dans ces deux paroisses, et, encore qu'il y ait laissé les souvenirs d'un prêtre édifiant et bon, il y fut par devoir plus que par goût. Il n'était pas fait pour le ministère. L'enseignement, voilà sa véritable vocation. Monseigneur l'avait vite compris. Aussi, après un brillant examen quinquennal, Sa Grandeur le nomma professeur à Saint-Cyr.

Il y occupa successivement les chaires de philosophie et de mathématiques.

De dire pour laquelle il était le mieux doué, c'est ce que nous n'essayerons pas. Ses condisciples, ses maîtres eux-mêmes, mis en demeure de le faire, seraient embarrassés. La vérité est que, si un penchant naturel et, en quelque sorte, héréditaire, l'inclina constamment ve les sciences, il avait pareillement pour les lettres des aptitudes exceptionnelles. Il aimait, dans celles-là, le vrai vu en soi, sans voiles, le vrai *pur*. Il goûtait, dans celles-ci, l'expression fidèle des nuances les plus délicates de la pensée et du sentiment. Il y avait, chez lui, du savant et de l'artiste. Il unissait, dans un même culte, le vrai et le beau. Il voulait, avec le fond, la forme. C'était un esprit complet.

M. l'abbé Perdriat l'a caractérisé d'un mot : ce fut un *voyant*. Dans la recherche de ce qu'il désirait savoir, il procédait surtout par intuition. Il devinait plutôt qu'il n'apprenait. Du premier coup, il pénétrait au cœur des questions. Il envisageait les choses du dedans. N'est-ce pas là toute l'intelligence ? Il s'emparait d'une vérité scientifique, littéraire, historique, sans travail pénible, sans efforts lents. Il prenait le fort sans s'occuper des ouvrages avancés.

Mais de cette vérité ainsi conquise il n'était pas avare. Après s'en être nourri, il aimait à en nourrir les autres. Fut-il pour lui plaisir plus vif que celui de la démontrer? Fut-il pour ses amis régal plus délicat que celui de l'entendre? Leçon publique, causerie intime le stimulaient également. Sa belle intelligence s'épanouissait alors sans contrainte. L'étincelle et l'éclair jaillissaient tour à tour. C'était le foyer d'où la vérité rayonne. Servante fidèle de sa pensée, sa parole claire, limpide, nette jusque dans le son matériel de la voix, dissipait les ténèbres. Elle séparait impitoyablement le faux du vrai, l'apparent du réel, le spécieux du solide. C'était une lame d'épée lumineuse et tranchante.

Pourquoi le taire? Cette épée piquait quelquefois. C'est le défaut de toutes les épées. M. l'abbé Turpin avait le trait. Il avait aussi les traits. Ceux que, dans ses conversations, il prenait la peine d'enfoncer, restaient. Au demeurant, il était bon. Un des poètes qu'il aimait le plus, Shakspeare, parle quelque part du lait de la tendresse humaine, *milk of human kindness.* Personne n'eut davantage cette tendresse profonde. L'adversaire qu'il terrassait se relevait rarement. Mais que de fois il lui arriva de l'aider à le faire !

Le professeur le plus distingué de nos séminaires, en ces derniers temps, a été, sans contredit, M. l'abbé Laborde. Sa réputation s'étendait au loin. On se rappelle les éloges que lui décernait, après sa mort, le savant fondateur du *Cosmos.* Ils étaient mérités. M. Laborde fut une de ces personnalités puissantes qui poursuivent la science avec passion, l'atteignent sans bruit, meurent ensuite, mais dont le souvenir reste.

A Pignelin, M. l'abbé Turpin fut le successeur presque immédiat du savant chanoine. Il avait été auparavant son élève de prédilection. Entre le maître et l'élève, il y eut plus d'un point de contact: l'amour du vrai, l'horreur du banal, je ne sais quel dédain des côtés pratiques de la vie. Mais il y eut aussi des différences qui ne sont pas toutes au désavantage de l'élève. M. Laborde était, avant tout, un observateur ; il cultiva principalement la physique et la chimie, qui sont, par excellence, des sciences inductives ; et son analyse, très exacte, très fine, très pénétrante, portait presque exclusivement sur les faits : elle était expérimentale. Observateur aussi, M. Turpin avait un penchant plus marqué pour les sciences déductives ; il donnait à l'élément mathématique, même dans les sciences physiques, une part plus grande ; son analyse, non moins vraie, non moins profonde, était surtout rationnelle. Avec le temps ou une santé moins frêle, qui sait si l'élève n'eût pas dépassé le maître ?

Ce qui est sûr, c'est qu'il était de même race.

Les vrais professeurs sont rares. M. Turpin en fut un. Il se faisait un point d'honneur de renouveler sans cesse son enseignement et de le tenir au courant des découvertes récentes. Il avait, pour le faire valoir, le tour vif et juste, l'image pittoresque, le mot à point. Qu'on joigne à cela un geste sobre, mais expressif, la flamme du regard, l'émotion de l'âme, l'enthousiasme même : et l'on comprendra l'admiration qui se mêlait à l'attachement de ses élèves, lesquels trouvaient en lui, outre la science et le dévouement, ce qui les relève, l'intérêt.

Un jour, après leur avoir donné la leçon, il voulut aussi leur donner l'exemple. Il partit pour Lyon, malade, épuisé, sans préparation immédiate, et subit coup sur coup, sans désemparer, l'examen de rhétorique et celui du baccalauréat ès-sciences complet. Ce fut un triomphe. Dans le candidat, les examinateurs avaient immédiatement reconnu le maître, et ils ne lui mesurèrent ni les éloges, ni le succès. Quant à l'examen de philosophie, il le subit de la même manière, en se jouant.

M. Turpin était fait pour d'autres succès. Ces grades inférieurs, littéraires ou scientifiques, par la façon remarquable dont il les conquit, avaient sans doute une signification ; mais c'était trop peu. Il pouvait, il devait aspirer à plus. Nous savons qu'il y pensa. Nous savons même qu'un professeur distingué d'une de nos jeunes facultés catholiques des sciences lui fit de pressantes invites. Il voyait en lui un candidat certain pour les difficiles épreuves de la licence ès-sciences mathématiques. Qui oserait dire que M. l'abbé Turpin n'eût pas dépassé ces espérances, agrandi son champ d'action et donné, les circonstances aidant, au nom qu'il portait, jadis considérable dans notre Nivernais, un nouveau genre d'illustration ? Que ces rêves aient pris dans son esprit une forme arrêtée, nous ne l'affirmerions pas. Mais que ses pensées, un instant, aient suivi ce cours, nous en sommes certain. Projets ou rêves, la maladie inexorable arrêta tout.

Si M. l'abbé Turpin succomba si tôt, ce n'est pas sans avoir beaucoup lutté.

Doué d'une rare énergie, il endura, pendant de longues années, des souffrances qui en eussent brisé d'autres. Lui se relevait toujours, comme par la force d'un ressort. Que de fois les médecins le condamnèrent ! Que de fois tel de ses amis, de ses collègues, se leva la nuit, à

son appel, le trouvait au plus mal, vomissant le sang,
presque à l'agonie, et, quelques heures plus tard, le voyait
sur pied, débile encore, mais vivant et voulant vivre ! Il
s'était fait, d'ailleurs, autant qu'on peut se faire, à ces
crises. Il gardait, malgré l'évidence, des illusions qu'on
eût souhaité partager. Puis elles tombèrent lentement,
une à une, jusqu'à la dernière, comme tombent les feuilles
d'automne. L'arc trop tendu se rompit. La lame avait fini
par user le fourreau.

Devant ce visage pâle et ces traits amaigris, devant
ce corps qui n'était plus qu'une ombre, nous nous sommes
bien souvent rappelé cette définition étrange, mais vraie,
donnée du sage par un philosophe ancien : « Une âme
qui promène un mort. »

Elle lui convenait littéralement.

C'était une âme, en effet, une âme puissante et forte, qui
soutint longtemps seule sa fragile enveloppe ; et si elle
n'échappa point aux imperfections humaines, si la
médaille, dont l'endroit était si beau, eut, comme toute
médaille, son revers, c'est dans l'acuité des souffrances
physiques qu'il faut, tout d'abord, en chercher la cause.

Peut-être aussi doit-on tenir compte de sa nature
spéciale.

Pour certaines âmes trop idéales, l'ordre absolu et
l'ordre relatif ne se distinguent pas. Ce qui est vrai dans
l'un doit l'être également dans l'autre. Elles savent que
la ligne droite est le plus court chemin d'un point à
un autre ; et elles appliquent cette vérité en tout, partout,
toujours. Que cette ligne droite leur apparaisse, elles s'y
élancent. Elles traitent les obstacles de quantités négli-
geables. S'ils sont insurmontables, elles trouvent tout
naturel de s'y briser. Ainsi le veut la logique. Elles

ignorent ou dédaignent d'apprendre qu'il est, aux principes les plus rigoureux , des tempéraments pratiquement nécessaires ; que deux et trois, qui, en soi, font cinq, font, dans le domaine des choses relatives, quelquefois plus et quelquefois moins ; et qu'il vaut mieux souvent, vu les passions humaines, tourner les difficultés que les prendre de front. Se trompent-elles ? Assurément. Mais leur erreur, en somme, les honore, et elle est sans danger : tant ces âmes-là sont rares !

La loyauté de M. l'abbé Turpin égalait sa droiture.

On connaît le mot d'une grande servante de Dieu à ses filles spirituelles rassemblées autour de son lit de mort : « Soyez , leur disait-elle, loyales à Dieu , à vous , aux autres. » Elle n'eut pas d'autre adieu. Celui-là contenait tout.

M. Turpin eût pu le prendre pour devise. Il peint son caractère et résume sa vie. Il fut loyal à Dieu. Il eut cette foi profonde, sereine, qui n'exclut pas la raison, mais lui fait sa part , *rationabile obsequium* , la foi des forts. Il fut loyal à lui-même par cette parfaite dignité de la vie, qui recueille le respect ou qui l'impose. Il fut loyal aux autres : ses amis peuvent en témoigner, eux pour qui il se fût sacrifié et dans le cœur desquels l'affection qu'il jetait poussait des racines si profondes.

Ils l'ont fait le jour de ses funérailles. Ils y vinrent en grand nombre, plusieurs de loin. Ecclésiastiques et laïques unirent leurs prières, mêlèrent leurs larmes. Il y eut des professeurs de Pignelin et de Saint-Cyr, presque tous les curés du canton , des amis personnels du défunt appartenant aux parties les plus diverses du diocèse de Nevers, quatre prêtres du diocèse de Moulins, dix-sept ecclésiastiques en tout. Nous en avons déjà cité quelques-uns. Parmi les autres, nous devons mentionner M. Martinet, doyen de Saint-Saulge, ancien curé de Dornes ; M. Gouthière, doyen de Lucenay-les-Aix ; M. Pascallet, curé de Saint-Germain-Chassenay ; M. le chanoine Tourret, aumônier à Moulins. Des laïques, qu'il suffise de nommer M. Tissier, notaire, et M. le comte de Soultrait.

Cette assistance était significative. Elle disait assez la place que tenait le regretté défunt et le vide qu'il laisse. Mais combien parmi ses élèves, ses connaissances, ses amis, s'ils avaient reçu à temps l'annonce de sa mort, fussent venus rendre à sa dépouille mortelle un suprême hommage !

L'un de ceux qui eurent cette consolation, ami de la première et de la dernière heure, fut M. le chanoine Crison. Il y a un peu plus d'un an, quand la santé de M. l'abbé Turpin parut irrémédiablement perdue, il l'attira près de lui et l'y fixa. Dans ce milieu connu de longue date, le cher malade fut entouré et aimé. C'est là qu'il donna ses dernières leçons, son chant du cygne. Il ne quitta Moulins que pour rentrer à Dornes, dans sa famille, y mourir. Il voulait rendre son dernier soupir entre les bras de celle dont il tenait la vie. Les soins maternels, pour cette âme délicate et tendre, pouvaient seuls remplacer le dévouement de l'amitié.

Les anciens élèves de M. l'abbé Turpin ont gardé le souvenir de son premier sermon.

Il le prononça, en 1874, pour la fête de Noël.

Les pensées qu'il développa purent surprendre. Elles répondaient à l'état intime de son âme.

En face du berceau de l'Enfant-Dieu, qui ne vint à la vie que pour vaincre la mort, le jeune prêtre déjà mortellement atteint, mais qui rapportait de Lourdes, avec l'onction sainte, l'espoir secret de sa guérison, avait trouvé piquant de parler de la mort ; et l'on se rappelle encore l'accent ému, vibrant, presque de triomphe, avec lequel il jetait ce défi superbe : *O mort, où est ta victoire? O mort, où est ton aiguillon ?*

A treize années de distance, au lendemain de cette même fête de Noël, M. l'abbé Perdriat, qui peut-être alors partageait l'espoir de son cher Henri, devait prendre pour texte de son éloge funèbre cette autre parole de nos saints Livres : *O mort, tes leçons nous sont salutaires !*

Il y a des larmes dans ce rapprochement.

Mais aussi que d'invincibles espérances !

Si la mort triomphe, ce n'est qu'en apparence ; en réalité elle est vaincue.

M. Turpin l'a vue venir sans frémir, sans se troubler, la regardant en face. Ainsi meurt le soldat sur le champ de bataille ! Ainsi meurt le prêtre ! Sa foi pouvait se rendre raison à elle-même. Celui dont il redisait, en 1874, la victoire sur la mort et qu'en définitive il a tant aimé, Celui-là, il le savait bien, le ressuscitera un jour.

« Sa mort a été bien édifiante, » écrivait à Monseigneur M. le curé de Dornes. *Édifiante* est le mot. Elle a détruit sa demeure corruptible pour élever sa demeure incorruptible. Elle a bâti la maison de son repos. Elle l'a fixé dans son éternité.

Certes, il a trop souffert pour que Dieu ne lui ouvre pas tout grands les bras de sa miséricorde. Il a trop passionnément cherché ici-bas, à travers des reflets et des ombres, cet idéal de vérité, de bonté, de beauté, dont Dieu seul est la réalisation suprême, pour qu'il n'en voie pas au ciel le rayonnement complet.

M. l'abbé Turpin était né le 24 octobre 1851. Il est mort le 1er janvier 1888. Il était dans sa trente-septième année.

Les morts prématurées, quelque prévues qu'elles soient, sont toujours douloureuses. Mais les regrets qu'elles causent sont particulièrement poignants, lorsqu'elles frappent ces natures privilégiées. A une époque où l'on ne va plus au prêtre que par l'homme, M. l'abbé Turpin eut à un rare degré les qualités qui attirent. Il ne posséda pas dans une moindre mesure les qualités qui retiennent. Il réunit, dans un heureux mélange, la triple distinction de l'intelligence, du caractère, de l'amitié. Il fut *quelqu'un.* Après celui de bon prêtre, est-il un éloge qui vaille celui-là?

(Extrait de la Semaine religieuse de Nevers
du 14 janvier 1888.)

Le *Moniteur de la Nièvre,* dans son numéro du 17 janvier 1888, a donné plusieurs extraits de la notice nécrologique qui précède. L'article suivant a été publié par le *Journal de la Nièvre* du 8 janvier 1888 :

Un ecclésiastique d'une grande distinction vient de mourir. M. l'abbé Henri Turpin s'est éteint dans sa famille, à Dornes, le 1er janvier, à l'âge de trente-sept ans, et ses obsèques ont eu lieu mercredi dernier, à l'église de sa paroisse.

La nouvelle de sa mort a attristé tous ceux qui le connaissaient et savaient l'apprécier. Depuis longtemps, il est vrai, depuis plusieurs années, il souffrait d'une maladie de poitrine, et le redoutable dénoûment était attendu. Ses amis n'en ont pas moins été douloureusement affectés : il est si pénible de voir disparaître prématurément un prêtre doué de qualités si rares. Aussi ils étaient venus en grand nombre à ses obsèques.

On remarquait parmi eux quatre ecclésiastiques du diocèse de Moulins, et, à leur tête, M. l'abbé Crison, directeur de l'externat Saint-Michel, dont M. Turpin était, quelques mois avant sa mort, un des répétiteurs. Le petit séminaire de Pignelin, où il avait enseigné les sciences mathématiques et physiques, avant de faire, au même titre, un long séjour à l'institution Saint-Cyr, était représenté par deux de ses professeurs. Presque tous les curés du canton, avec leur doyen ; M. l'abbé Perdriat, curé de Saint-Étienne de Nevers ; M. l'abbé Martinet, doyen de Saint-Saulge, d'autres prêtres de ses amis, en tout dix-sept ecclésiastiques ; — un grand nombre de ses compatriotes, quelques personnalités remarquables des environs, parmi lesquelles M. le comte de Soultrait, s'étaient donné rendez-vous autour de son cercueil. A voir cette assistance d'élite, on comprenait que celui dont on faisait le deuil n'était pas le premier venu.

C'est qu'en effet M. Turpin était une belle intelligence et un grand cœur. Professeur incomparable, homme d'esprit, charmant causeur, il savait passionner ses auditeurs et ses élèves pour les deux choses dont le culte a rempli sa vie : la vérité et la justice. Il savait beaucoup, et, ce qu'il ne savait pas, il l'apprenait vite et bien. D'un coup d'œil il pénétrait au fond des questions les plus profondes et des problèmes les plus ardus de la théologie, de la science, de la littérature et de l'histoire. C'était un *voyant*, comme l'a dit très-heureusement M. l'abbé Perdriat dans le bel éloge funèbre qu'il a fait de lui.

Il a eu une belle mort. Quand Dieu l'a appelé, il était prêt. Il avait fait le sacrifice de sa vie comme un chrétien, comme un prêtre doit le faire.

Tous ces détails, nous les avons relevés dans le discours de M. le curé de Saint-Etienne. Il a dit plus et mieux que nous. Ce père, qui nous parlait de son enfant, a trouvé dans son cœur des inspirations touchantes. A travers son émotion, nous avons senti son affection quand il parlait des soins dévoués, des prévenances délicates qui avaient adouci les souffrances de son élève ; il n'avait besoin de nommer personne : nous avons compris ceux qu'il voulait désigner.

Cet article a été reproduit par le *Messager de l'Allier*.

Nevers, Imp. Fay, G. Vallière, succ'.